FÉLIX DÉTREZ

ÉLÈVE DE RHÉTORIQUE

À L'ÉCOLE LIBRE SAINT-JOSEPH DE LILLE

RAPPELÉ A DIEU LE 18 JANVIER 1884

PAROLES

PRONONCÉES DANS LA CHAPELLE

LE 2 MARS 1884

PAR

Mgr Louis BAUNARD

SUPÉRIEUR

FÉLIX DÉTREZ

ÉLÈVE DE RHÉTORIQUE

DE L'ÉCOLE LIBRE SAINT-JOSEPH DE LILLE

DÉCÉDÉ LE 18 JANVIER 1884

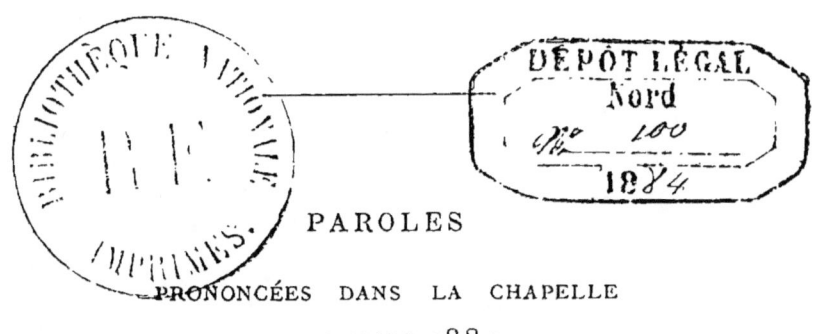

PAROLES

PRONONCÉES DANS LA CHAPELLE

LE 2 MARS 1884

PAR

Mgr Louis BAUNARD

SUPÉRIEUR

LILLE

DE L'IMPRIMERIE DE J. LEFORT

FÉLIX DÉTREZ

I

Le temps est venu, mes enfants, de vous entretenir du cher fils que nous avons perdu aux premiers jours de cette année. Il fallait commencer par laisser la parole aux pleurs d'une famille, en deuil de ses enfants pour la septième fois. Il fallait commencer nous-mêmes, comme Marthe et Marie, par pleurer sur notre Lazare, notre frère que Jésus aimait et qui s'est endormi. Mais le temps est arrivé de nous lever, nous aussi, du sein de notre douleur, et de nous transporter en esprit là où il repose, non dans la terre des morts, mais dans celle des vivants. Venez donc, vous dirai-je avec le saint évangile, venez et voyez : *Dixerunt ei : veni et vide*. Venez à ce sépulcre. Aussi bien irons-nous dans la société de Celui qui s'appelle lui-même « Résurrection et Vie. » Et si moi, comme mon Maître, je ressens, en vous parlant de celui que tous ici nous appelions notre ami, quelque chose de l'émotion que Jésus éprouva au tombeau de Lazare, ne m'excuserez-vous pas, comme firent les Juifs fidèles, par l'affection que méritait notre cher endormi : *Ecce quomodo amabat eum ?*

Félix Détrez était dans la classe de rhétorique. Né le 8 février 1868, il allait avoir seize ans. Il était le neuvième de douze enfants sur lesquels reposait la bénédiction promise autrefois par le Dieu des patriarches aux nombreuses familles. Mais cette bénédiction, il faut croire que le Seigneur l'entend autrement que nous, et que parfois il préfère en ajourner les joies à l'éternité; car sur ces douze enfants, déjà sa justice miséricordieuse en avait rappelé six « dans la maison du Père, » comme l'Evangile appelle notre demeure céleste. Ils étaient donc partis tour à tour vers Lui, les uns de leurs berceaux, les autres du foyer dont ils étaient le charme, une autre du monastère dont elle était l'espérance; de sorte que, dans cette famille, entre la vie et la mort, entre la terre et le ciel, le partage s'était fait égal, et qu'en se rejoignant, frères et sœurs avaient reformé là-haut une maison aussi nombreuse que l'autre.

N'était-ce pas assez, Seigneur? Et fallait-il qu'un nouveau départ vînt rompre l'égalité et faire pencher la balance du côté du ciel, en l'enrichissant d'un émigrant de plus?

On eut pu le pressentir, car depuis l'enfance Félix en prenait le chemin. Il avait orienté sa vie vers ce grand but dès les premiers pas; et quels pas résolus! Vous en jugerez vous-mêmes.

C'était le 11 juin 1879, veille de sa première communion. S'adressant par lettre à *sa très honorée Mère du ciel* : « Je viens, lui écrit-il, me jeter à vos pieds pour vous demander les grâces que je désire obtenir de votre divin Fils. Je vous demande : 1° la grâce d'une bonne mort. Je vous la demande pour moi, pour mes parents, mes maîtres, mes amis, mes frères de première communion et tous mes autres condisciples. Je vous demande en outre la délivrance de ceux de mes parents qui souffrent dans le purgatoire. »

C'est déjà le prélude du *Nunc dimittis* qu'il dira cinq ans plus tard. Mais comme le juste Siméon, ce cœur apostolique y joint le souhait que ses yeux puissent voir le plus tôt possible le salut de son peuple. Il ajoute donc aussitôt : « Je demande : 2° le triomphe du catholicisme. » Telle est sa seconde prière.

Enfin ce règne de Dieu, il le veut surtout en lui; et la dernière ligne de cette page intime est « la demande de mourir plutôt que de jamais commettre un péché mortel. » Dieu le prit au mot, mes enfants ; et le lendemain de ce jour, le sang de la nouvelle alliance, en descendant dans ce cœur, y signait, entre Jésus et lui, un pacte éternel dont la teneur était l'antique devise de nos pères : *Potius mori quàm fœdari* : « Ou vivre de Dieu ou aller à Dieu ; ou l'innocence ou la mort. »

Bien des fois, mes chers fils, dans mes instructions, je vous ai dit ces trois paroles : « Ayez votre idéal, respectez votre idéal, réalisez votre idéal. » Celui que Félix avait conçu, vient de vous apparaître : il voulait être chrétien dans une vie de piété qui fît de lui une parfaite copie de Jésus-Christ. Maintenant à vous de me répondre, et de me dire si, une fois ce flambeau de sa vie allumé devant lui, votre condisciple s'est relâché de marcher à sa clarté ?

Mais vous avez répondu, et je n'ai plus qu'à reproduire ici vos témoignages, avec ceux que j'ai recueillis de ses parents et de ses maîtres. Je les avais sollicités. Le jour où nous le perdions, je vous demandai de me faire connaître le parfum d'édification qu'il vous avait laissé. C'étaient les pieux aromates dans lesquels je voulais ensevelir sa mémoire, comme firent les disciples pour le corps de Jésus : *emerunt aromata ut ungerent corpus*. Vous me les avez fournis, et, grâce à vous, aujourd'hui nous pouvons l'embaumer au sein de ces souvenirs qui laisseront parmi nous la bonne odeur du Christ : *Ligaverunt illud cum aromatibus.*

Vous saviez donc aimer, mais vous admiriez aussi ce compagnon de classe. Ce que vous admiriez de lui, c'était sa régularité, sa fidélité à ses exercices, son exactitude à l'obéissance, son ardeur, je dirais presque son âpreté au travail, toutes ces choses qui sont « le joug que l'homme doit porter dès son adolescence, » et qui font qu'une vie marche dans l'ordre et la paix, parce qu'elle marche dans le devoir. Ce que vous aimiez de lui, c'était sa cordiale bonté, sa franche affabilité, son enjouement habituel, son obligeance toujours prête, tous ces dons du cœur joints à ceux de l'intelligence, mais supérieurs à eux, et composant ensemble ce que l'Ecriture appelle : *vir amabilis ad societatem.*

Et cependant, mes enfants, ce n'était là que l'extérieur, « la face du royaume de Dieu, » comme s'exprime saint Chrysostôme. Vous ne voyiez que ce qui paraît, mais chez le chrétien l'invisible est plus grand que le visible ; vous ne voyiez que l'action, mais l'âme de l'action demeurait cachée aux yeux ; vous voyiez le mouvement, mais vous ne voyiez pas le feu qui lui donnait le branle. Or c'est ce feu de l'amour de

Dieu, dont les cahiers de Félix, ses lettres, ses résolutions, ses notes m'ont apporté l'ardent et doux rayonnement. Eh bien, quand j'ai vu ce qu'était cet amour de Jésus-Christ, de Marie, des anges, des âmes, des pauvres, des pécheurs, des petits, je dois vous le déclarer : j'en ai été étonné, j'en ai été ravi. Et admirant ce que la grâce avait déjà opéré et préparait encore dans une âme si jeune, je me suis mis à genoux pour remercier le Ciel de ce qu'il s'ouvrait si large au-dessus de cette maison; et, tout compte fait, j'ai trouvé que nous étions payés surabondamment de nos pauvres peines, puisque dans ce collège si éprouvé parfois Jésus-Christ était aimé, Jésus-Christ était servi avec enthousiasme, et que « le règne de Dieu était au dedans de nous. »

C'était bien, en effet, un ami de Dieu que cet enfant de grâce et de bénédiction. Affamé et altéré de la présence de Jésus-Christ, il le cherchait sans relâche partout où il savait qu'il se montrerait à lui.

Il le cherchait chaque jour dans la méditation qu'il n'avait plus abandonnée du jour où son directeur lui en avait donné la méthode et le devoir. Il aspirait dès le matin au délice surnaturel de cet entretien céleste : *Deus, Deus meus, ad te de luce vigilo!* « Demain, écrivait-il sur un de ses cahiers, si je puis me réveiller à temps, je ferai avant la messe une bonne méditation sur la bonté divine. »

Il le cherchait jusque dans le silence des nuits, interrompant son sommeil pour méditer et prier : *De nocte surgebam ad confitendum tibi*, pouvait-il dire lui aussi. D'un mot son directeur avait retranché cet excès.

Il le cherchait au tabernacle ; même son cœur l'y sentait, et sa foi l'y voyait à travers les murailles et les clôtures de nos temples. « Voici que Celui que j'aime se tient derrière cette enceinte, disait-il avec le Cantique : *ipse stat post parietem nostrum,* il me voit, il me regarde, *respiciens per fenestras, prospiciens per cancellos,* » et il lui envoyait ses adorations. Ainsi jamais Félix n'eût passé une fois devant une de nos églises sans se découvrir. Ici même, dans ce collège, il n'était pas rare de le voir fléchir le genou devant la porte de votre chapelle des congrégations, quand le temps lui manquait pour en franchir le seuil.

Il le cherchait au saint sacrifice de la messe, qu'il aimait à servir ; avec quelle religion ! cet autel pourrait le redire. Il s'était fait une loi et un besoin de cœur de l'entendre chaque jour, non seulement durant l'année, mais durant ses vacances, à la campagne, à Lille, en voyage, partout.

Il le cherchait dans les visites au très saint

Sacrement : Félix avait la passion de la présence réelle. Il y a, dans notre ville un sanctuaire où Jésus-Christ demeure exposé nuit et jour. Là, chaque soir, à la même heure, on voyait arriver un jeune adorateur qui s'avançait, joignait les mains, s'agenouillait, s'abîmait dans la présence de Dieu, et passait là de longs instants comme plongé dans la lumière de la face divine. C'était lui, c'était Félix qui, au sortir de la classe, plaçait, entre notre collège et la maison paternelle, cette station à la chapelle de la Réparation, où l'on garde le souvenir de cette visite quotidienne comme d'une apparition et d'une vision céleste.

Il le cherchait dans les sanctuaires, où il savait que se célébraient les prières des Quarante Heures ou la solennité de l'Adoration perpétuelle, n'épargnant ni son temps, ni ses démarches, ni ses forces, dès qu'il avait appris que le Soleil eucharistique resplendissait en quelque endroit, et que son cœur lui disait : « *Magister adest et vocat te.* Le Maître est là et t'appelle. »

Il le cherchait surtout là où il se trouve réellement et substantiellement, dans la communion. Elle faisait sa joie. On me raconte qu'une fois ayant reçu la permission de communier un jour de fête et le jour suivant, le soir du premier jour son respect s'effraya du formidable bonheur qui l'attendait encore le lendemain matin. Oserait-il se présenter une seconde fois? En l'absence de son confesseur, son professeur le rassura. Alors son bonheur éclate : « — Eh bien oui, répondit-il, j'obéirai, je communierai. » Et descendant l'escalier, il en sautait transporté.

Communiant tous les dimanches et aux fêtes de Marie, il s'était fait une règle, à l'exemple des saints, de consacrer trois jours à la préparation et trois jours à l'action de grâces. Ainsi cette âme, sans cesse en présence de son Dieu, était-elle semblable à ces autels toujours illuminés, où la sainte Hostie est perpétuellement exposée aux regards.

Quand il approchait de Jésus pour la communion, son âme semblait sortir et passer dans ses yeux, dans ses traits, sur ses lèvres, pour aller au devant de Lui. Ceux qui l'ont communié ont essayé de me peindre ce recueillement et cette ardeur. En était-il besoin? et moi-même plus d'une fois n'avais-je pas remarqué sur le visage de ce jeune homme cette sorte de transfiguration qui me faisait lire sur son visage la parole du Thabor : « C'est mon fils bien-aimé! »

L'ayant reçu à la cène, Félix cherchait et suivait Jésus-Christ au Calvaire. Il avait eu, dès l'enfance, la dévotion à la pratique du Chemin de la Croix; et on l'avait surpris dès lors, comme plus tard, se traînant à genoux de station en station, sur les traces du Crucifié, dont vous-même l'avez vu presser et baiser l'image tant de fois.

Enfin il cherchait Jésus dans un autre sanctuaire, celui de son propre cœur, trouvant là, à lui parler et à l'entendre, un charme que nul entretien humain, si aimable qu'il fût, ne lui pouvait fournir. Il le goûtait même sur les chemins et par les rues de la ville; et vous qui l'accompagniez dans l'aller et le retour, vous ne vous offenserez pas si, vous préférant Celui qu'il faut préférer à toute créature, il a dit quelquefois: « Volontiers je cause avec mes condisciples, quand nous allons ensemble; mais j'aime mieux être seul pour causer avec mon Dieu. » Noble enfant! s'il est vrai que l'homme se mesure à ce qu'il aime, je vous demande quelle sera la mesure d'un cœur que Dieu seul peut remplir?

Il est un autre amour inséparable de celui-là : Félix était excellemment un enfant de Marie. Il s'était donné pour émule, dans ce sentiment filial, le Fils de Dieu lui-même. On lit en tête de ses résolutions, renouvelées chaque mois : « Je veux essayer de rivaliser avec Jésus d'affection pour Marie. » Il ne se contentait pas de dire son chapelet; il cherchait le temps de réciter le petit office, chaque jour. Les meilleures joies de ses vacances étaient des pèlerinages aux sanctuaires consacrés à sa grande patronne.

Le plus cher de tous ses titres était celui de congréganiste de la sainte Vierge : il y revient sans cesse dans les billets, qu'en bon fils il écrit chaque mois à sa mère céleste. Mais il compte bien qu'en retour elle prendra soin de lui, et le 4 novembre dernier, il lui adressait encore cet humble et confiant appel : « Je ne désespère pas de ma conversion, puisque je suis votre enfant. »

Mes enfants, c'est la vie de piété que je viens de vous montrer dans votre frère. Mais l'apôtre saint Paul a dit de la piété qu'elle « est utile à tout. » Il faut donc qu'elle serve. Elle a surnaturalisé la vie de notre Félix, il faut qu'elle serve surtout à l'améliorer. Elle l'améliorera en le rendant semblable à Jésus-Christ par amour. Ne désire-t-on pas ressembler à ce qu'on aime ?

Jésus-Christ était pur : son disciple veut l'être. « L'amour de Dieu virginise, » répétait un grand évêque. L'amour de Marie fait de même. « Très sainte Vierge, écrit Félix, si par hasard je venais à me trouver quelque part avec un scandaleux, je le réduirais au silence, sinon je m'en éloignerais immédiatement. » — « Saint Joseph, écrit-il ailleurs, est le patron du collège, et saint Joseph nous est représenté tenant un lis à la main : son collège doit donc être celui de la pureté. »

Jésus-Christ est patient, son disciple saura l'être. Un jour qu'un de ses maîtres avait cru

**

devoir adresser à son cher Félix une parole sévère, il le vit qui vivement s'empara de son chapelet, dont il pressa la croix fortement sur ses lèvres, pour en fermer la porte à tout murmure, à toute plainte.

Jésus-Christ veut qu'on se renonce ; le disciple se renoncera. Je lis dans ses papiers : « Les mathématiques ne me vont pas ; raison de plus pour que je m'y applique : cela me domptera. »

Jésus-Christ est obéissant, son disciple le sera. Je ne sais si on eût trouvé d'écolier plus déférent, plus respectueux, plus soumis, plus prévenant que Félix. Il l'était ici, au collège ; il l'était davantage encore au foyer domestique. Il y a quelques jours encore, sa mère, en larmes, me décrivait les attentions délicates, ingénieuses, qu'avait envers son père et envers elle, ce fils incomparable. Il n'était occupé qu'à prévenir leurs désirs et deviner leurs besoins, depuis le salut du matin jusqu'à l'heure où le soir il venait recevoir leur bénédiction. Il n'y manqua jamais.

Jésus-Christ aimait les siens, il pleura sur son ami, il pleura sur sa patrie : son disciple fera de même ; et quand Félix eut perdu sa sœur, la religieuse, ce lui fut une telle douleur qu'à deux reprises il lui fallut un jour quitter la classe, étouffé par les sanglots que provoquait ce souvenir.

Voilà la piété chrétienne : elle fait les cœurs purs, elle fait les âmes fortes, elle fait les fils respectueux, elle fait les frères tendres ; que ne produit-elle pas? O piété, bien volontiers je dirais de toi ce que l'Ecriture a dit de la sagesse, que « tous les biens viennent avec toi, et qu'incalculable est le prix de l'honneur qui te revient. »

II

Mais voici bien un autre prix de l'amour de Jésus-Christ. « Pierre, m'aimes-tu, m'aimes-tu ? » demande le Seigneur à Pierre. Et quand, par trois réponses, Simon-Pierre a satisfait à cet examen sublime, le Maître lui confère le grade d'apôtre et de pasteur : *Pasce agnos meos, pasce oves meas.*

Aussi bien l'amour de Dieu allume-t-il la flamme de l'apostolat : on veut faire aimer ce qu'on aime. Ce n'est pas pour rien que Félix a écrit dans ses demandes de la première communion : « Le triomphe du catholicisme. » Lui-même y travaillera, non pas seulement par la prière et le bon exemple, mais par la parole et les œuvres; non pas seulement ici parmi ses condisciples, mais en dehors d'ici parmi les pauvres et les pécheurs. C'est le grand côté de cette vie que j'aborde, mes chers fils; je n'ose pas vous dire que vous l'imiterez en tout, mais je suis bien certain que vous l'admirerez.

Il y a, à Lille, dans les bas-fonds de la misère en tout genre, de pauvres gens que la foire annuelle du mois d'août amène encore plus nombreux dans vos murs : bateleurs, saltimbanques, amuseurs des foules, qui traînent de ville en ville une vie de hasard; et avec eux, derrière eux, des troupes d'enfants qui ne savent eux-mêmes d'où ils viennent, mais qui n'en sont pas moins des enfants de Dieu comme vous, rachetés de son sang comme vous, pour être ses saints dans le ciel, avec vous et comme vous. C'est au ministère de ces âmes que, par une prédilection que j'appellerais divine, s'attachait, pendant les vacances, cet apôtre de quatorze et quinze ans. Une association existe pour les instruire, les convertir, les amener au prêtre, leur faire recevoir la communion, la confirmation, à quelques-uns même le baptême. Félix, sous la direction du président de l'œuvre, se fit le catéchiste de ces abandonnés.

Il y deux ans déjà, il n'était qu'en troisième quand, écrivant à un de nos plus chers maîtres, il lui disait triomphant la joie de son enrôlement dans cette humble et vaillante mission : « *Benedicamus Domino!* C'est bien à moi que s'adresse cette invitation, car voici que le bon Dieu, voulant bien me permettre d'annoncer son évangile pendant ce temps des vacances, m'emploie à faire le catéchisme aux enfants des saltimbanques qui se préparent à leur première communion. La même œuvre s'exerce aussi durant l'année auprès des bateliers; et, demain même, un petit batelier de mes élèves fait sa première communion dans la chapelle des Sœurs de Notre-Dame de la Treille.... »

Ici je m'arrête, mes enfants, et je passe la ligne suivante, où la reconnaissance de Félix signale les compagnons de son zèle dans le même ministère. Les noms qu'il y trahit sont les noms de plusieurs de ceux qui sont ici ou qui y étaient hier. Ces complices de son entreprenante ardeur, je ne les dénoncerai pas; il suffit que Dieu les connaisse. Qu'ils me laissent seulement leur dire que, au nom de Jésus petit, pauvre et délaissé, je les bénis!

Mais c'est aux vacances dernières qu'éclata cette vaillance du jeune volontaire de l'apostolat. Deux petits saltimbanques furent confiés à ses soins pour la première communion. L'un des deux était le fils d'une espèce d'hercule exerçant à la foire l'industrie de ventriloque : l'enfant s'appelait Zéphyre. L'autre avait été trouvé, je ne sais où, par une montreuse de vues stéréoscopiques : il s'appelait Fernand. Il fallait voir Félix s'acharnant à ces deux âmes pour les instruire d'abord, pour les sauver ensuite! Il ne reculait devant rien; et je tremble encore en lisant qu'il ne craignait pas, le brave enfant, d'entrer dans la voiture de la montreuse de vues, de monter, rue de la Vignette, dans le misérable garni de l'hercule ventriloque, et là de prêcher, de catéchiser, de conquérir ces pauvres, auxquels il annonçait qu'à eux appartenait le royaume des cieux. C'était plus habituellement au patronage de Saint-Michel qu'il donnait ses leçons. Il les donnait si bien qu'avant la première communion et la confirmation, Zéphyre, interrogé, étonna les prêtres par sa connaissance de la doctrine chrétienne. Ce fut le triomphe de Félix que cette première communion de ses catéchumènes. Il les accompagna jusqu'à la Table sainte : il était leur ange visible.

Mais pour Fernand, si sympathique, si intelligent, si bien disposé d'ailleurs, Félix eût voulu davantage. Cet enfant sans famille que l'on venait de baptiser, que l'on venait de communier, allait-il demeurer dans ce foyer de perdition? L'arracher à ce milieu, à cette misère, à ces périls; assurer sa persévérance en lui donnant un état ou en le plaçant à gages chez des maîtres chrétiens : ç'avait été la pensée et c'était devenu l'entreprise d'un homme de grand bien, qui se dévouait à cette œuvre comme à tant d'autres œuvres. Vous me dispenserez de le nommer, en présence de quatre de ses fils assis avec vous sur ces bancs. Mais décider Fernand à quitter sa vie d'aventure n'était pas chose facile. Ce fut le travail de Félix : il aimait si ardemment Jésus-Christ dans cette âme! Il exhorte, presse, insiste sur tous les avantages capables d'être compris d'un enfant de dix ans. Mais on a dit à Fernand que, s'il suivait les Messieurs, on allait l'enfermer, qu'on ne le faisait sortir de sa barraque que pour cela. C'était l'épouvantail que ses amis forains plaçaient devant ses yeux, afin de le retenir. Aussi notre Félix a beau parler, a beau prier, l'enfant pleure et refuse. « On m'enfermera! » crie-t-il : il ne voit pas autre chose.

Cependant le temps de la foire expire, Fernand va quitter la ville, on ne le reverra plus. Le dernier jour, le jour de l'adieu, fut le jour d'un dernier assaut. L'enfant n'étant pas venu au rendez-vous suprême fixé par son catéchiste, Félix va le trouver, le prend avec lui, le conduit au patronage, et là épuise sur lui tous ses raisonnements ; mais tout échoue devant l'idée fixe : « On va m'enfermer! » Que faire? A bout de raisons, Félix n'a plus qu'une ressource. Par un élan de cœur que j'appellerai sublime, il se jette aux genoux de l'enfant assis auprès de lui, et là, les larmes aux yeux, lui demande à mains jointes d'avoir pitié de son âme et de ne pas se perdre pour l'éternité!...

Ce fut en vain. Il dut se relever, sans avoir

rien gagné sur ce pauvre aveuglé, qui dans ses bienfaiteurs ne voulait voir que des geôliers : « On va m'enfermer ! » Félix le vit s'éloigner et se mit à pleurer : « Espérons que le bon Dieu nous le renverra plus tard ? » dit-il consterné. Plus tard ! Fernand reviendra peut-être, mais le catéchiste ne sera plus là désormais pour le recevoir ; ce plus tard, pour Félix, devait être l'éternité.

Ce jour-là, quand l'apôtre rentra à sa maison, midi, l'heure du déjeuner, était passé depuis longtemps. Comme on lui témoignait quelque étonnement de ce retard, il s'en excusa sur le ministère qu'il venait d'accomplir : « Qu'y voulez-vous ? répondit-il ; il s'agissait d'une âme à sauver ! »

III

Et cependant ce ministère, si saintement passionné que déjà il vous paraisse, n'était, dans son espérance, qu'un lointain apprentissage de ce qu'il devait être un jour. Le *pasce agnos* devait avoir une tout autre extension pour ce zèle. L'étoile de la vocation sacerdotale s'était levée sur cet enfant ; elle s'était montrée à lui dès son matin, presque sur son berceau. Vous n'en serez pas surpris quand vous saurez que ce berceau avait été entouré des plus sanctifiants souvenirs ecclésiastiques.

Deux de ses grands-oncles, l'un du côté paternel, l'autre du côté maternel, avaient servi l'Eglise : ce jeune homme était de la tribu de Lévi.

A la fin du dernier siècle et au commencement de celui-ci, un prêtre de son nom, M. l'abbé Louis-Adrien Détrez, avait laissé dans ce diocèse la mémoire encore vivante d'un grand homme de Dieu. On a écrit sa vie. Dernier bachelier en théologie qu'eût reçu la célèbre Faculté de Douai avant sa dispersion, ordonné prêtre à la veille de l'année 1793 et comme sous la hache déjà levée de la Terreur ; fugitif et caché, et ne reparaissant aux heures de péril que pour pénétrer, avec l'absolution et la sainte hostie, dans les cachots des moines et des prêtres fidèles ; se glissant, durant la nuit, auprès des moribonds qui appelaient son ministère ; le portant de refuge en refuge, à Lille, à Tournai, à Loos, à Haubourdin, à La Bassée, jusques aux portes de Béthune, dans plus de quarante communes qu'il raffermit dans la foi, en se jouant des délateurs, des soldats, de la mort ; emprisonné enfin et joyeux de ses chaînes que des amis dévoués parvinrent enfin à briser; puis, quand revinrent les jours plus calmes, restaurateur des églises, des monastères, des bonnes œuvres; le conseiller des évêques, le soutien de Pie VII lui-même, qui, apprenant sa grande réputation de sainteté, voulut le voir à Fontainebleau, s'entretenir avec lui, et même, disait-on, se confesser à lui; grand directeur d'âmes et fondateur de la communauté des religieuses Bernardines d'Esquermes; particulièrement regardé comme le père de la maison religieuse de l'Enfant-Jésus; incarcéré de nouveau au moment des Cent-Jours; refusant les dignités, mais acceptant les charges; finalement, entre tant de fonctions qui lui étaient offertes, n'agréant que la moins aimable à la nature, et se dévouant au service des deux mille détenus de l'abbaye de Loos; l'ami des pauvres, le frère des petits, le serviteur de Marie en son sanctuaire de Notre-Dame, à l'ombre duquel il vécut et il voulut mourir, en 1832 : tel était cet arrière-grand-oncle.

Ou je me trompe grandement, ou de pareils traditions sont, dans une famille, une noblesse qui oblige. Cette obligation pour Félix, telle qu'il la comprenait, était de suivre ces belles traces. La première communion qui avait montré à ses yeux l'idéal du chrétien, y avait fait luire en même temps l'idéal du prêtre. Ce jour-là, il avait mis de côté et en lieu sûr, pour n'y plus toucher, les jouets qui lui avaient servi à simuler les offices de l'Eglise : *Cum essem parvulus, loquebar ut parvulus, sapiebam ut parvulus, cogitabam ut parvulus*. Maintenant qu'il est devenu homme, ce ne sont plus de ces simulacres enfantins qu'il lui faut : *Factus autem vir, evacuavi quæ erant parvuli*. Je dis homme, *vir* : c'est trop peu ; déjà il sait qu'il sera prêtre; et comme cela est écrit fortement dans son cœur, vous ne vous étonnerez pas que cela soit écrit fréquemment dans ses notes; la plume écrit comme la bouche parle, de l'abondance du cœur.

C'est une marque de prédestination à l'honneur du sacerdoce que le respect des âmes. Notre Félix s'était fait une loi, à l'exemple des saints, de ne jamais traiter avec qui que ce soit sans commencer par saluer l'ange gardien de ce frère. Il se rappelait la parole où le Seigneur, parlant des petits enfants, déclare que leurs anges voient la face du Père qui est au ciel.

C'est aussi une marque de prédestination à la mission sacerdotale que le zèle de la gloire de Dieu. Félix en était dévoré. Au mois de juin de l'année dernière, quelques congréganistes s'étaient engagés à la communion des neuf vendredis en l'honneur du Sacré Cœur. Mais arrivent les vacances : la neuvième communion n'est pas encore faite. Ne va-t-on pas l'oublier dans la dispersion ? Félix s'en émeut, vient en dire son inquiétude au collège; puis spontanément il écrit à chaque confrère un billet qu'il va porter lui-même, de maison en maison, dans tous les quartiers de la ville. Il lui en coûta de longues courses et toute une journée de vacances. Mais qu'importe? Jésus-Christ allait être glorifié par une communion!

C'est une autre marque et plus particulière de prédestination à l'honneur du sacerdoce que le respect pour le prêtre. Notre Félix le portait jusqu'à une sorte de culte. Il n'est pas rare de lire dans ses résolutions : « Je veux être docile à mon directeur en tout, me rappelant que ce n'est pas un homme qui me parle, mais Dieu lui-même. » Un jour qu'il était allé en pèlerinage à Loos, un de vos maîtres le vit, sur le seuil du presbytère, s'agenouiller devant le prêtre de la Mission qui dessert cette église, et le prier de lui donner sa bénédiction. Il est vrai que, dans la même maison, il venait de voir en honneur le portrait de son saint oncle, M. l'abbé Détrez, et que cette vue lui avait rappelé le type à la fois le plus cher et le plus élevé de la personne du prêtre.

Quelques-uns de vous, mes enfants, se souviennent sans doute d'un vénérable Père, à tête blanche, à barbe blanche, le R. P. Thro, que vous avez vu souvent monter à cet autel. Il n'entendait plus guère les paroles des hommes, mais il n'en entendait que mieux la parole de Dieu. Le charitable Félix s'était donné à lui, le visitant, le distrayant dans la longue solitude et le profond silence auquel le condamnait sa dure surdité. L'entretien ou seulement la vue de cet enfant lui était une joie. Quand des décrets proscripteurs reléguèrent le religieux dans une cellule d'emprunt, Félix lui demeura fidèle. Puis lorsque l'année dernière le missionnaire obtint de partir pour le Canada, Félix ne l'oublia point. Lui transmettant ses vœux avec ses respects, par delà l'Océan, il lui écrivit une lettre dans laquelle il disait : « Nous resterons unis par le lien d'or de la prière » Or, le 23 août 1883, le missionnaire le remerciait par ces lignes qui portent le timbre de *Trois-Rivières, province de Québec*. Le regard attendri du vieillard sur le jeune homme reluit dans cette réponse :

« Mon cher enfant, votre bonne lettre
» m'a trouvé à Trois-Rivières, ma résidence
» actuelle. Que vous êtes aimable! Votre pensée
» est aussi gracieuse que l'expression en est
» touchante. Oui, cher enfant, vos vœux, comme
» le vin, ont gagné en valeur en traversant la
» mer.

» Que j'aimais à vous voir à Lille, dans mon
» grenier, rue des Poissonceaux, n° 5. Hélas! nous
» ne nous y retrouverons plus! Mais, comme
» vous me le dites, « nous resterons unis par

» le lien d'or de la prière. » C'est bien là l'ex-
» pression qui burine le religieux sentiment qui
» vous anime, tant la piété chrétienne est indus-
» trieuse pour exprimer ce qu'elle sent! »

Un autre de ses anciens maîtres, celui-là moins éloigné, lui envoyait ce témoignage et cet encouragement :

« Soyez donc sage et *gai,* un peu plus gai
» encore que je ne vous ai rencontré l'autre jour,
» rue d'Angleterre. Pourquoi ne seriez-vous
» pas gai, bon petit enfant de Dieu? Est-ce que
» Dieu n'est pas un Père? Et quel Père! Adieu
» cher Félix. *Sis bonus ô Felixque tuis.* »

Il était gai pourtant le jeune homme que vous avez connu. Mais il y avait des heures où, retombant sur lui-même et se plaçant en face de sa conscience d'un côté, de son idéal de l'autre, il s'attristait, s'inquiétait de se voir si au-dessous de ce qu'il avait entrevu dans ses lectures ou dans ses rêves. De là des tremblements, des scrupules, des angoisses que seule pouvait faire taire la voix de l'obéissance, toujours sacrée pour sa foi.

C'est que le rêve pour lui, c'était la perfection; et non plus seulement la perfection du chrétien, non plus même seulement la perfection du prêtre. Il s'en était fait un autre, comprenant ces deux là, mais les dépassant encore; et ici je vous dois une révélation qui n'en sera pas une pour plusieurs d'entre vous : Félix voulait être religieux.

IV

Je n'en suis pas surpris. Quand je lis dans ses notes qu'il vivait en société habituelle d'esprit avec les religieux qui sont maintenant glorifiés au ciel, Louis de Gonzague, Stanislas Kostka, Berchmans, saint Ignace, saint Xavier, le bienheureux Rodriguez, le bienheureux Pierre Claver, le bienheureux André Bobola, comment serais-je étonné qu'il ait désiré d'entrer dans la société de leurs frères qui vivent sur la terre?

« Saint Louis de Gonzague, écrit-il, je veux être pur, comme vous l'avez été. Saint Stanislas Kostka, donnez-moi les sentiments que vous aviez pour la sainte Eucharistie. Bienheureux Jean Berchmans, obtenez-moi la faveur de mourir comme vous, mon crucifix, mon chapelet, mon livre de règle dans les mains, et de pouvoir dire : *Cum his tribus libenter moriar.* » Un autre mois, il écrit : « Saint Louis de Gonzague, saint Stanislas Kostka, bienheureux Jean Berchmans, apprenez-moi comment, pour Jésus,

on doit tout quitter. » Un peu plus loin, je lis :
« Notre père saint Ignace, je veux supporter
vaillamment la chaleur de ce mois de juillet,
pour me préparer à votre fête. » En 1882, sa
résolution était : « Je prierai tous les jours pour
l'effet de la vocation que Dieu m'a fait entendre. »
En 1883, il se tient pour exaucé, et le 4 mars de
cette année il écrit décidément : « Saint François
Xavier, obtenez-moi la grâce d'être un bon
jésuite, et de finir mes études le plus vite possible, pour partir au noviciat. »

C'est chaque mois que Félix adresse ces billets
à ses patrons du paradis, et qu'il se place sous
leur garde, en face de leur exemple, dans un
jour de retraite et de communion. C'est aussi de
mois en mois que l'on voit grandir cette clarté
supérieure que le Ciel a fait lever sur sa destinée,
jusqu'à ce qu'elle devienne la pleine lumière du
midi, et qu'elle allume dans ce jeune cœur
d'ardentes impatiences d'offrir son sacrifice.

Ces impatiences généreuses lui donnaient cette
fièvre de travail qui, en préparant le succès
de ses examens, devait hâter le jour où il pourrait entrer dans la société de laquelle il disait :
« Le monde ne pourra me donner le vrai
bonheur. Il ne se trouve pour moi que dans
la Compagnie de Jésus. »

D'où lui venait cet attrait? car je dois vous
l'expliquer : ce n'est et ce ne peut être qu'un

attrait d'exception. Pour la plupart, presque tous, vous êtes appelés, mes enfants, à vivre dans le siècle, où vous irez porter, parmi les emplois et les devoirs publics, le type du grand chrétien et du grand citoyen, serviteur de son pays et serviteur de son Dieu. Le sacerdoce demande autre chose. Il faut une grâce spéciale, une grâce de privilège, de rares dispositions, de grandes préparations, de sublimes raisons, pour entrer dans un état qui est un état d'éminente sainteté, mais d'héroïques sacrifices. Or cela n'est pas de l'homme, cela ne vient que de Dieu, et voilà pourquoi cela se nomme la vocation, c'est-à-dire l'appel particulier de Dieu.

Or Dieu, en ceci, en agit avec vous comme avec ce jeune homme qui vint trouver Jésus et lui demanda : « Seigneur, que faut-il que je fasse pour avoir la vie éternelle? » La réponse du Maître est bien simple : « Si vous voulez entrer dans la vie, observez les commandements. » C'est la condition du salut, c'est le devoir obligatoire, c'est la voie de tout le monde : il y va de la vie, *si vis vitam ingredi.* Que si vous faites ainsi, si vous observez la loi, si vous pouvez répondre comme le jeune fidèle : « J'ai observé ces choses depuis mon premier âge, » ah! le Seigneur aura pour vous le même regard de dilection qu'il jeta sur lui; car vous êtes de ses amis : *intuitus eum, dilexit eum;* on est toujours l'ami de Dieu quand on observe sa loi, dans le monde comme dans l'Eglise.

Mais si, comme l'adolescent, vous lui demandez en outre : « *Quid adhuc mihi deest?* que me manque-t-il encore pour être tout à vous ? que puis-je faire de plus pour vous satisfaire ? » écoutez ce qu'il dit : « Si vous voulez être parfait, laissez les biens de ce monde, faites-vous un trésor dans le ciel, venez alors, et suivez-moi. » Mais cela n'est plus le devoir, c'est la perfection : *si vis perfectus esse;* cela n'est plus le précepte, c'est le conseil : *si vis.* Le Seigneur n'y contraint personne ; et nous qui sommes ses ministres nous agissons comme lui. Il y en a donc qui s'effrayent, même entre les meilleurs, semblables à ce même jeune homme que Jésus aimait, et dont il est écrit que la parole de Jésus le jeta dans la tristesse : *Cum autem audisset verbum adolescens, abiit tristis.* Je comprends ce regret, car l'Evangile ajoute qu'il était fort riche. Je comprends ce remords, car manifestement il était appelé. Notre Félix ne connut ni ces hésitations ni ces désolations. Jésus lui avait dit : *Veni et sequere me.* L'appeler à le suivre, c'était l'appeler à être de sa compagnie, et le disciple répondit qu'il entrerait dans la Compagnie de Jésus.

Mais cette grâce de choix, qui la lui avait value ? par la médiation de qui lui venait-elle ? C'est le secret du Ciel. Ce que nous savons seulement, c'est que près de lui, à son foyer, un encouragement à entrer dans ces voies lui avait été donné par l'exemple d'une sœur consacrée à Dieu. Mlle Maria Détrez était entrée au monastère des Bernardines, qui l'avaient élevée. Instruite, dévouée, modeste jusqu'à la timidité, cette jeune religieuse promettait à ce pensionnat béni une maîtresse excellente. Hélas! l'état de sa santé ne devait lui permettre d'y exercer d'autre emploi que celui de souffrir : mais c'est le plus divin de tous, quand on sait souffrir pour Dieu. Elle s'y était attachée avec une ardeur passionnée. Comme son état maladif continuel, irrémédiable, faisait hésiter à la garder plus longtemps : « Plutôt mourir que partir, » disait l'héroïque victime. Elle partit néanmoins, mais pour le paradis, le 21 décembre 1881.

Vous savez déjà combien elle fut pleurée de son frère. Mais en mourant, celle qu'en religion on nommait dame Ambroisine, avait laissé à Félix autre chose que des regrets. Elle lui avait montré le chemin qui conduit au noviciat, et du noviciat au ciel. Son jeune frère n'oublia ni l'une ni l'autre de ces leçons. « Ouvrez-moi, ma sœur aimée, *Aperi mihi, soror mea, amica mea,* » semblait-il lui crier avec le Cantique. Elle ne devait pas lui ouvrir la porte d'une communauté, mais elle lui ouvrit la porte de l'éternité; c'est la congrégation immortelle que celle-là. Elle y précéda Félix ; et lui, la voyant partir, elle sixième de la famille, semblait dire à tout ce cortège de frères et de sœurs ses devanciers et ses précurseurs dans la patrie, la parole que disait le jeune Nivardus, frère de saint Bernard, en voyant le départ des siens pour le cloître de Cîteaux : « Cela n'est pas juste, mes frères, et je suis réclamant à l'héritage, car vous prenez le ciel et vous me laissez la terre. »

V

Maintenant il les a rejoints ; et de tant d'espérances, il ne nous reste plus que la consolation de redire avec saint Jérôme pleurant sur son disciple : « Il n'est plus mon Népotien, votre Népotien, le nôtre, ou mieux encore le Népotien de Jésus-Christ : *Nepotianus meus, tuus, noster, imo Christi, idcirco plus noster*. Il nous a devancé, nous qui touchons à la vieillesse, *reliquit senes*. Et voici que nous n'avons plus d'autre consolation que celle de semer quelques fleurs et d'inscrire ces pauvres mots de louanges sur son tombeau : *Super tumulum ejus Epitaphii hujus flores spargere*. Et toutefois encore est-il juste de mêler au regret de l'avoir perdu le remerciement et la joie de l'avoir possédé tel que nous l'avons connu : *Ne quid minus, nec doleas quod talem amiseris, sed gaudeas quod talem habueris.* Donc, s'il se peut, pour un instant, fermons notre blessure, faisons taire notre douleur, et apprenons ce que fut la beauté surnaturelle de son heure dernière : *Obligatoque parumper vulnere, ejus audias laudes.*

Depuis longtemps, Félix se préparait à mourir. La mort qu'il eût souhaitée, vous l'apprendrez, mes enfants, par cette belle prière de lui : « Bienheureux André Bobola, demandez à mon Dieu que j'aie la force de mourir et de souffrir d'aussi cruels tourments que les vôtres, s'il me fallait confesser Jésus-Christ et sa doctrine. » Mais quel que fût le genre de mort que Dieu lui dût envoyer, il l'envisageait fermement et l'acceptait d'avance. « La mort peut, écrivait-il, venir demain, dans mon sommeil, dans mon travail.... Je la crains, j'en ai peur. Saint Joseph obtenez-moi la grâce d'une bonne mort. » Enfin, le 1er janvier 1883 : « Une année vient de se passer ; un pas de plus vers la tombe. L'année qui va s'ouvrir sera peut-être la dernière pour moi. Il importe donc que je me mette bien au service du bon Dieu. » Cette année, en effet, fut la dernière année pleine qui lui fut donnée en ce monde.

Elle s'achevait, quand nous apprîmes que la fièvre typhoïde mettait en grave danger cette pieuse et innocente vie. Bientôt les alarmes furent grandes autour de ce lit de malade; les prières étaient vives. On proposa une neuvaine : « Maria en sera, elle s'y unira de là-haut, » dit Félix dont le regard ne se détachait plus de cette sœur couronnée. Et comme, à ce souvenir triste et doux, il voyait que sa mère essuyait des larmes : « Pourquoi pleurer? demanda-t-il. Ce n'est pas triste d'être au ciel. Maria y est, ne la pleurons point. »

Elle pouvait bien pleurer, cette mère chrétienne, qui, comme celle dont parle le livre des Machabées, allait voir tout à l'heure expirer sous ses yeux le septième enfant que lui prenait la mort : *Suprà modum mater admirabilis quæ pereuntes septem filios conspiciens, bono animo flebat, propter spem quam in Deum habebat.* Il pouvait bien pleurer, ce père septuagénaire qui, dans cet âge avancé, se voyait, comme Jacob, emmener, après tant d'autres, le Benjamin dont le départ allait condamner ses vieux jours à une mortelle douleur : *Et deducetis canos meos cum dolore ad inferos.*

C'est pour ménager cette douleur des siens que Félix se priva de leur faire des adieux qui les eussent édifiés, mais qui les eussent brisés. L'appareil funèbre des derniers sacrements se faisait craindre de lui pour la même raison. Quand le Père, son directeur, lui proposa de recevoir la sainte communion, il le vit d'abord tout heureux d'une annonce qui lui ouvrait les bras de l'Ami éternel : « Oh! oui! » s'écria-t-il avec un profond soupir.

Mais il en fut autrement quand le prêtre ajouta que le moment était venu de recevoir aussi le sacrement des malades.

« Quel sacrement voulez-vous dire? demanda-t-il étonné.

— L'extrême-onction, mon fils.

— Non, non! » s'écria l'enfant.

Et il y avait dans ce cri une telle énergie que le prêtre en fut tout ému.

« Comment, Félix, lui dit-il, vous qui aspirez si vivement au bonheur d'appartenir à Notre-Seigneur Jésus-Christ, vous avez peur de Lui?

— Peur de Jésus? Oh! non. Mais je ne veux pas effrayer ma mère et lui causer cette peine.

— Rassurez-vous, votre mère est chrétienne; elle vous aime. Elle sait que ce sacrement est pour le soulagement du corps comme de l'âme. Ne voulez-vous pas de ce remède que Notre-Seigneur vous offre?

— Mais tout le monde ici va pleurer, ma mère, mes sœurs, mes frères. »

Et c'était à cette douleur qu'il ne pouvait se

résoudre. Il fallut que le prêtre l'assurât qu'il allait doucement prévenir la famille et la disposer à ce coup. Il fallut surtout que le Père en appelât aux sentiments, à lui bien connus, du jeune religieux futur :

« Vous agirez en vrai novice, en fils d'obéissance. »

A ce mot, Félix consentit :

« Oui, c'est bien ; mais quand sera-ce ?

— Tout à l'heure.

— Alors qu'on dispose ma chambre, qu'on y dresse une belle chapelle. »

Et lui-même s'occupa de ces préparatifs.

Une faveur qu'il demanda fut que ces derniers sacrements lui fussent administrés par son directeur. « Eh bien, répondit celui-ci, je vais faire cette démarche auprès de M. le curé. Mais s'il faut se passer de mon ministère, vous offrirez à Jésus ce nouveau sacrifice avec tous les autres. Vous n'avez plus, en ce moment, qu'à vous pénétrer des pensées de la foi. Plus aucune attention aux personnes, aux ministres. Oubliez le monde, et ne voyez que Jésus qui vient à vous. »

Ce fut un rare spectacle que cette scène de l'administration du divin viatique et de l'extrême-onction. Le sacristain, qui pourtant assiste chaque jour les prêtres dans cette fonction sacrée, disait tout haut qu'il ne rencontrait pas souvent de pareilles choses : « Que c'est beau! répétait-il, de voir comment ce jeune homme reçoit le bon Dieu! »

Il est vrai que notre Félix avait tout le ciel sur ses traits, dans ses yeux, sur ses lèvres. Il était tout effusion, tout action de grâces, souriant, remerciant, répétant : « Oh! Père, merci, merci : cela m'a fait du bien. » C'était inénarrable.

Il demanda que l'autel provisoire disposé pour cette cérémonie restât dressé devant lui, pour en rappeler sans cesse le spectacle à ses yeux et en raviver la reconnaissance dans son cœur.

Cependant, depuis le commencement de l'inexorable maladie, nous le visitions, nous le bénissions; nous le trouvions entouré des objets chers à sa piété, son crucifix, son chapelet, en face de l'oratoire qu'il s'était élevé, où il avait passé de si bons instants, où il ne lui serait plus donné de s'agenouiller. Il nous remerciait de la parole, des yeux et du sourire; il nous disait de remercier ses frères de congrégation et ses frères de classe qui priaient pour lui. Je lui disais d'espérer; je lui donnais rendez-vous au collège pour la fête de la Présentation de Jésus-Christ au temple. Mais secrètement je pensais à un autre rendez-vous où l'appelaient d'autres frères, et à un autre temple où l'attendait son Dieu. Le dénouement se précipitait, et l'espérance, s'enfuyant tristement de nos cœurs, s'éloignait de plus en plus du côté de ce monde pour se tourner vers l'autre.

Félix y montait déjà par le chemin du calvaire. Il dissimulait sa souffrance par attention filiale; par exemple, un jour il s'accusa d'un cri qui lui avait été arraché par son mal, parce que ce cri avait retenti dans le cœur de sa mère, qu'il avait vue sortir en s'essuyant les yeux. Il voulait la faire reposer, durant la nuit du moins; et il ne se lassait pas d'admirer le dévouement de sa sœur Léonie, qui, elle, ne voulait le quitter ni le jour ni la nuit, prenant là, près de son frère, parmi de longues fatigues, le germe de la même maladie qui, bientôt après, devait donner à sa famille de nouvelles alarmes.

Ce que, par tendresse filiale, Félix ne disait pas aux hommes, il le confiait à Dieu. Au lieu d'exhaler des plaintes, on l'entendait qui disait, regardant son crucifix : *O Crux, ave, spes unica!* Parfois c'étaient des actes de charité parfaite, tels que cet élan de son cœur : « Oh! qu'il est bon le bon Dieu!... si bon! si bon!»

Une seule pensée l'occupait : celle de sa vocation. N'était-ce pas le moment de s'ouvrir à ses parents de son dessein arrêté de se consacrer à Dieu dans la Compagnie de Jésus? Il profita d'un moment où il était seul avec sa mère pour lui annoncer confidentiellement, mais déterminément, qu'il entrait, cette année-là même, après sa rhétorique, au noviciat de Gemert. Il savait bien que ce n'était pas une telle mère qui y mettrait jamais opposition ; mais cette déclaration lui semblait un grand pas en avant vers le terme :

« Père, dit-il ensuite à son directeur, j'ai confié à maman que je voulais entrer, cette année même, à Gemert.

— Mon enfant, c'est une chose qu'il faut laisser maintenant à la bonne Providence. Pour l'instant, c'est votre vie qu'il faut commencer à donner tout entière à Jésus-Christ.

— Oui, c'est bien ce que je veux. »

L'offrande fut faite. En signe d'union à la société de Jésus, le Père lui remit le crucifix de ses vœux :

« Voyez, Félix, lui dit-il, je vous traite en religieux, en vous remettant ce crucifix de ma profession. je vous le laisse. »

Félix y colla ses lèvres à plusieurs reprises.

« Encore, encore, répétait-il. Il ne me quittera plus. »

Ce fut la dernière fois qu'il put s'entretenir avec le père de son âme. Quand celui-ci le revit, l'enfant ne parlait plus. Seulement il faisait signe de la tête qu'il acceptait tout ce que Dieu voulait, et qu'il priait pour ses parents inconsolables. Ses lèvres, dévorées par la fièvre et les ravages de son mal, cherchaient le crucifix que ses yeux ne quittaient plus, et qui ne se détournaient de Jésus que pour se lever vers le ciel.

Le voyant offrir son sacrifice, maintenant les pieux parents y unissaient le leur. Comme la mère des Machabées à son dernier fils martyr, ils lui disaient, eux aussi, non des lèvres mais du cœur : « Oui, mon fils, regarde le ciel : *peto, nate, ut aspicias ad cœlum.* Ne crains point le trépas, *non timeas carnificem istum;* va, partager le sort de tes frères et de tes sœurs, *dignus fratribus tuis, effectus particeps,* reçois la mort comme une amie, en attendant que, par la même miséricorde, nous allions à notre tour vous rejoindre tous sept et vous posséder encore : *suscipe mortem ut in illâ miseratione cum fratribus tuis te suscipiam.* »

Pendant ce temps-là, ici même, du haut de ce sanctuaire, je vous recommandais cette âme fraternelle. Je vous disais son agonie, je vous disais aussi notre profonde édification. Vous nous compreniez, vous nous interrogiez; vous vous réunissiez dans votre chapelle de Marie pour prêter à votre ami le secours de vos intercessions auprès de la Mère des mères. Mais un matin, il nous fallut paraître devant vous au pied de cet autel, en ornements de deuil. Félix venait de succomber: et celui dont nous portions chaque jour le nom aimé au *Memento* des vivants, nous allions le recommander au *Memento* des morts.

C'était le 18 janvier, un jour de vendredi, qu'il était retourné à Dieu. Ce jour-là, j'en ai la confiance, il y eut une belle fête de famille dans le ciel.

Trois jours après, nous en avions, nous aussi, une autre sur la terre. Comment appeler d'un autre nom cette pompe virginale des obsèques de votre frère ; ces tentures blanches et bleues, remplaçant pour lui les tentures funèbres; cette chambre ardente, cet autel, ces statues de Jésus, de Marie, de Joseph ; ces statuettes d'anges agenouillés ; ce cercueil revêtu, enveloppé de blancheur ; cette profusion de lis, ces couronnes, cette ceinture de l'enfant de l'autel ? C'est une belle et expressive coutume de votre pays que celle qui éloigne l'appareil de la tristesse de la dépouille de ceux qui ont quitté ce monde dans la fleur de la vie, surtout quand ils l'ont quitté dans la fleur de l'innocence. Cela lui convenait à lui. A cette vue, je me disais que de là-haut Félix devait sourire à une telle solennité et être content de nous.

Comment ne l'eût-il pas été ? Il voulait entrer dans la Compagnie de Jésus, et ce jour de ses obsèques était précisément celui de la fête patronale de la Compagnie de Jésus. Il voulait porter toute sa vie le nom de son Sauveur, et ce jour de dimanche était celui auquel l'Eglise solennise la fête du très saint Nom de Jésus. Cette église, où vous veniez en foule lui faire cortège, retentissait encore et allait retentir toute cette journée de chants et d'hymnes, tels que ceux-ci, que je me plaisais à lire dans le bréviaire romain, à côté de son cercueil enveloppé de lumières. C'était de ce cercueil même qu'il me semblait entendre sortir ces paroles liturgiques, qui sont des cris de confiance, d'amour et de triomphe :

« *O Seigneur, j'ai eu soif de votre saint nom.*

Quiconque invoquera votre nom sera sauvé.

Voici qu'à jamais je me réjouirai dans le Seigneur, et je tressaillerai au nom de mon Jésus.

Le Seigneur a fait en moi de grandes choses, et son divin nom est saint.

Désormais je vous sacrifierai une hostie de louange, j'invoquerai ce nom du Seigneur à jamais (1).

Déjà même il me semblait l'entendre qui, de l'éternelle et béatifique et inamissible société de Jésus, s'unissait à cet admirable *Jubilus* de saint

---

(1) Sitivit anima mea ad nomen sanctum tuum, Domine.
Omnis qui invocaverit nomen Domini, salvus erit.
Ego autem in Domino gaudebo, et exsultabo in Deo Jesu meo.
Fecit mihi magna qui potens est, et sanctum nomen ejus.
Tibi sacrificabo hostiam laudis, et nomen Domini invocabo.
Brev. rom. *Offic. SS. Nominis Jesu.*

Bernard, que l'Eglise nous mettait sur les lèvres en ce jour :

> *Jesu dulcis memoria,*
> *Dans vera cordis gaudia;*
> *Sed super mel et omnia*
> *Ejus dulcis præsentia....*
>
> *Jesu, flos matris virginis,*
> *Amor nostræ dulcedinis,*
> *Tibi laus, honor nominis,*
> *Regnum beatitudinis. Amen* (1).

Amen! ainsi soit-il : c'est par ce vœu que je termine. Ah! que cet *amen* signifie que c'en est bien fini, et fini pour jamais, avec ces deuils de famille. Vivez, mes chers enfants, vivez tous, et que le ministère que j'accomplis aujourd'hui pour un de vos amis, je n'aie à le remplir jamais pour aucun de vous. Il m'est trop cruel de pleurer sur les enfants que le Ciel m'avait donnés; et il ne convient pas que nous, qui sommes déjà, et depuis bien longtemps, sur

---

(1) De Jésus l'aimable pensée
Est pour mon cœur une rosée;
Mais plus douce que le doux miel
Est sa présence dans le ciel.

Jésus, fleur que porta Marie,
Jésus, seul amour de ma vie,
Béni soit ton nom glorieux
Dans le royaume des heureux.

l'autre versant de la vie, nous menions le deuil de ceux qui ne font encore que mettre le pied dans la carrière.

C'est la quatrième fois depuis l'année dernière que je paie ce tribut funèbre, et que je remplis ce devoir, à la fois triste et doux, envers mes jeunes fils, et vous m'êtes témoins qu'ils le méritaient tous. C'est là notre consolation, c'est aussi le sujet principal de notre espérance : nous n'avons perdu d'eux que la présence visible, l'autre nous reste; reunis là haut, ils reforment un autre collège, le collège éternel; ils sont encore nos fils, ils sont encore vos frères; et quand nous élevons nos regards, il nous semble y voir accourir au-devant du dernier venu ceux que, les années dernières, nous y voyions partir.

Aussi bien c'est à eux que je m'adresse en finissant, et, les pressant d'accueillir ce frère dans leurs rangs, je leur envoie avec confiance cet invitatoire que l'Eglise psalmodie près des restes de ceux qui viennent d'expirer : *Subvenite, sancti Dei; occurrite, angeli Domini.*

« Venez donc, saints, accourez, anges, » que nous avons connus, André, Robert, Joseph; venez au-devant de Félix : *occurrite angeli*. Et vous que, je ne puis oublier, dans ces dyptiques de notre Eglise, vous qui avez précédé de peu de semaines cette jeune âme, serviteur de Jésus, vénérable frère Hourdin, qui fûtes un saint de

Dieu, vous aussi venez prêter l'assistance de vos longs mérites à l'enfant d'un collège que vous avez aimé, à l'aspirant qui voulait porter, dans votre société, le même nom que vous : *subvenite, sancti Dei!* Vieux et jeunes, saints et anges, unissez-vous, et tous ensemble introduisez dans le ciel cette âme altérée du Ciel: *Suscipientes animam ejus, offerentes eam in conspectu Altissimi.*

« Et vous, Seigneur Jésus, qui l'aviez appelée à vous appartenir, recevez-la sur votre cœur : *suscipiat te Christus qui vocavit te;* qu'elle y repose à jamais dans le sein de ses aïeux, *et in sinum Abrahæ deducant te;* et qu'elle y demeure au sein de la famille immortelle dont vous êtes le Père. Ainsi soit-il. »

— Lille. Typ. J. Lefort. 1884 —

www.ingramcontent.com/pod-product-compliance
Lightning Source LLC
LaVergne TN
LVHW021712080426
835510LV00011B/1737